Roy Publicae

Vatikan

Roy Publicae

Vatikan

Heiliger Stuhl?

Dictus Publishing

Imprint

Cover image: www.ingimage.com

Publisher:
Dictus Publishing
is a trademark of
International Book Market Service Ltd., member of OmniScriptum Publishing Group
17 Meldrum Street, Beau Bassin 71504, Mauritius
Printed at: see last page
ISBN: 978-613-7-35507-7

Inhaltsverzeichnis:

I. **Vatikan:**

Ihr Lieben, die Zeugen Jehovas waren ein Teil des Vatikans! Nun gibt es ihn zum Glück nicht mehr :-)[1]

Papst F. ist schon hingerichtet und seine 38 Kardinäle auch. Der Vatikan wurde geräumt, jetzt arbeitet dort die Forensik. Königin E., Philip, Charles, Megahn und Harry wurden auch hingerichtet. Religionen werden zukünftig unter "Weitere Gruppen" existieren dürfen, jedoch keine Macht mehr über die Menschen haben. Alle Religionen waren bis zum heutigen Tag Geheimdienste des Vatikans. Ihre Führer vergewaltigen, foltern, morden u. verköstigen Kinder von 0 bis 21 Jahre.

---

[1] Vgl. https://seelenfreiheit.blogspot.com/2020/09/2350-groherzog-friedrich-maik-ist-konig.html

Donnerstag, 10. September 2020

2350. - Großherzog Friedrich Maik ist König von Preußen und von Mecklenburg Vorpommern!

Großherzog Friedrich Maik ist König von Preußen.

Beitrag Nr. 2 zum Geschehen in Mecklenburg und Pommern und die Staatsbildung des Großherzogthum's! (kann gerne geteilt werden)

Seit meinem gestrigen Beitrag ist viel geschehen.

Ich habe in vielen Gruppen und auch auf meiner Seite sowie per Privatnachricht viel Zustimmung für meinen Artikel erhalten, dafür möchte ich allen recht herzlich danken.

Allerdings gab es auch einige verbale Angriffe auf mich im Bezug auf den Großherzog Friedrich Maik.

Eins soll klar sein, ich werde den rechtmäßigen König vom Königreich Preußen bis aufs letzte verteidigen, da er als Mensch und Schirmherr die Menschen in Mecklenburg und Pommern befreit und in die Souveränität führt.

In der Zeit wo alle geschlafen haben und dem Grundgesetz hinterherlaufen sowie auf den Friedensvertrag hoffen und die Kaiserfahne schwingen, hat Friedrich Maik , Handlungen walten lassen.

Alles was er den Menschen an Informationen über sich und den Stand der Dinge verbreitet hat, ist der Wahrheit entsprechend und auch in Erfüllung gegangen.

Das[s] die Menschen es nicht prüfen, ist deren Schuld.

Ihr Mecklenburger und Pommeraner habt einen Mann an der Spitze, der sein Volk liebt und alles im Sinne der Menschen und deren Familien gestaltet.

Ihr könnt stolz auf ihn und sein Team sein, die alles dafür tun , dass Ihr souverän werdet und ein sorgenfreies Leben mit euren Familien in Wohlstand führen könnt.

Das sage ich als geborener Sachse.

Ich wäre froh, wenn Sachsen schon genauso weit wäre.

Was ist denn heute geschehen?

Friedrich Maik hat die Verträge unterschrieben , welche ihn zu seinen Handlungen als rechtmäßiger Thronnachfolger legitimieren und dass bedeutet, dass ab dem 01. Sept. ein souveräner Staat entsteht, nämlich das Großherzogtum Mecklenburg Strelitz, Mecklenburg Schwerin und das Herzogtum Pommern .

Viele haben mich gefragt, wird es die BRD Firma zulassen?

(Welche BRD Firma?

Die gibt es seit Juni 2018 nicht mehr.

Es gibt auch nicht mehr die OHG - Offene Handels Gesellschaft, die sie danach daraus machten.

Es gibt nur noch eine traurige AG Aktien Gesellschaft mit politischen Marionetten unter ehemaliger satanischer Führung, denn selbst diese Massenmörder gibt es nicht mehr.

Was es noch gibt, sind die Alliierten.

Und die haben es in der Hand!)

Das müssen sie und werden sie, da hier ein Souveräner völkerrechtlich anerkannter Staat, welcher auch bei der UN registriert ist einer Firma BRD gegenübersteht.

Eine Firma kann keine Hoheitsrechtlichen Ansprüche geltend machen.

Was passiert mit der BRD?

Im Moment noch nichts, da sie eine Firma ist bleibt sie weiterhin bestehen nur verkleinert sie sich.

(Das ist falsch!

Und es ist schon alles fertig geplant.

Und wir werden es auch sicher schon bald erfahren!)

Das ist in etwa so, als wenn eine Niederlassung geschlossen wird.

(Eine solche Niederlassung gibt es nicht mehr.....)

Was das an Auswirkungen hat, ist natürlich etwas anderes.

Die kompletten Steuereinnahmen und Forderungen an die Bürger fallen weg.

(Steuereinnahmen sind bei einer Firma nicht legitim. Sie dürften gar keine Steuer Fordern, aber das ist ein anderes Thema und soll uns jetzt nicht interessieren)

Wenn die Steuer für so viele Bürger wegfallen, ist das ein sehr großes Defizit.

Man beachte die BRD ist Hauptfinanzierer der EU und verfügt über einen kolossal großen Verwaltung und Regierungsapparat, deren Kosten monatlich aus Steuergeldern beglichen werden muss.

Auf deutsch gesagt die BRD ist Pleite.

(Das war sie schon 2013.

Da begann ihre Insolvenz.

Das gesamte Konkursverfahren endete im Juni 2018.)

Gut, das ist sie schon lange aber sie drucken weiter fleißig Geld.

(Auch das Gelddrucken ist vorbei seitdem es nicht mehr die alte FED gibt, sie wurde vor etwas mehr als drei Monaten abgeschafft.)

Spätestens mit dem Abspalten auch zukünftiger Staaten, wie zB Bayern, ist der Zerfall der BRD nicht mehr aufzuhalten.

Ich vermute hier werden die [A]lliierten eine Regelung finden um das Chaos auszuschließen.

(Das haben sie schon!)

Hinzu kommt noch die Umstellung der Währungen, da die USA und andere Länder das FIAT Money System verlassen werden und auf Gold Standard umstellen werden.

(Ab 1. Oktober 2020!)

Sobald die BRD zerfällt, zerfällt auch die EU.

(Das ist sie schon, aber die schlafenden Schafe brauchen Bilder um erweckt zu werden!)

Bevor die Frage aufkommt, so wird das Großherzogthum von den US Amerikanern beschützt, sie stellen die Sicherheit im Staat her, werden Grenzen mit bewachen und die dortige Polizei unterstützen.

Was ist mit dem deutschen Reich?

Ich wurde gefragt, was passiert mit dem deutschen Reich und meine Antwort darauf „nichts".

Warum?

Mit der heutigen Unterschrift vom Großherzog Friedrich Maik ist auch das Deutsche Reich obsolet.

Zum einen ist es ebenfalls eine Firma und zum andren fallen ab morgen Gebiete vom Deutschen Reich weg.

Ohne diese Gebiete, kann das Reich nicht mehr wieder aktiviert werden zumal Friedrich Maik auch König vom Königreich Preußen ist.

Hohenzollern hat schon vor langem vertraglich auf Ansprüche an das Dt. Reich verzichtet und wurde dafür auch finanziell entschädigt.

Das bedeutet es wird kein Hohenzollern mehr geben, der den Friedensvertrag unterzeichnet.

Der Einzige der es könnte wäre der König vom Königreich Preußen, Friedrich Maik, doch er möchte einen souveränen Staat also kein Kaiserreich.

Ich habe es in meinen letzten Beitrag schon geschildert, dass ein Friedensvertrag die Souveränwerdung der Menschen behindern würde.

(Sein Urgroßvater - oder war es der Großvater?? - Louis Ferdinand von Preußen, hatte kurz vor seinem Tod am 25. September 1994, alle Rechte an das Volk zurückgegeben. Somit stand auch unwiderruflich die Souveränität im Raum!)

Wie sieht die Zukunft der restlichen Ländereien der BRD Verwaltung aus?

Die Königreiche, Herzog-, Großherzog- und Fürstentümer sowie Königreiche werden wieder ähnlich wie jetzt in Mecklenburg geschehen, entstehen und es werden sich wieder Deutsche Kleinstaaten bilden.

Ob sie irgendwann wieder ein Bund werden, kann an dieser Stelle noch nicht gesagt werden.

Die Möglichkeit allerdings besteht, wenn auch nicht in naher Zukunft.

Warum ist es für Menschen in der Großherzogtümern und Herzogtum gut?

Weil sie wieder souverän werden und ins Menschenrecht gelangen.

Der Großherzog hat seinen Plan für diese Länder in seiner Konferenz mit den Bürgern bekannt gegeben und wenn es so umgesetzt wird , dann wird es für die Menschen der Himmel auf Erden, ähnlich wie im Kaiserreich damals… Meines Erachtens besser,

Was geschieht mit den neu zu gereisten Eventmanagern?

Sie werden nach Hause geschickt oder in das BRD Gebiet verschoben.

Geregelt wird es ähnlich wie in der Schweiz, mit Bewilligungen.

Keine Arbeit, kein Wohnsitz keine Bewilligung !

Dauerhafte Bewilligung nur nach ein paar Jahren…

(In der Schweiz für Sprachverwandte Deutschland Österreich, Italien Frankreich 5 Jahre, für andere 10 Jahre und es muss ein ununterbrochenes Arbeitsleben nachgewiesen werden sowie Wohnsitz)

Das heißt die Neuzuzügler werden freiwillig gehen, wenn sie kein Geld mehr bekommen.

Werden die Medien darüber berichten.
Ich glaube der Mainstream wird vorerst schweigen.

Man hat auch bisher kaum etwas über Mecklenburg in den Medien gehört.

(Bewusst hat man es zurückgehalten obwohl es der Landesregierung schon lange bekannt war.)

Die Leute werden es nur feststellen, wenn sie in oder über das Mecklenburger Land reisen wollen.

Zudem wird im September „FOX News“ in Deutschland senden und sie werden sicher aufklären.

Auch die Alternativmedien werden die Menschen nach und nach informieren.

Dazu noch kurz, Das Brandenburger Tor wurde von Louise Königin vom Königreich Preußen erbaut (bzw. auf Ihren Wunsch hin errichtet) Königin Louise ist Familienstammbaum vom heutigen König vom Königreich Preußen, Friedrich Maik.

Misstrauische Leser sollten sich die Konferenz vom Großherzog auf seinen YouTube Kanal „ Großherzogthum Mecklenburg -was steckt dahinter? ansehen, dort geht er auf alle Fragen ein , des weiteren findet man sehr viele Infos, Verträge und ähnliches auf der Facebookseite von Friedrich Maik.

Ihr findet auch viele Infos auf den YouTube Kanal Tobias Sommer-wie war's wirklich?

Auch ist eine Emailadresse vom Großherzog auf seine Seite hinterlegt.

Sollten noch weitere Fragen bestehen so gebe ich gerne Antwort.

Schreibt mich dazu gerne an!

Somit werde ich nun zum Ende kommen und hoffe etwas zum Verständnis beigetragen haben zu können.

https://jbaumann.de/grossherzog-friedrich-maik-ist-koenig-von-preussen/

II. Elite:

2505. Warum werden all diese Personen hingerichtet?[2]

Lieber Leser, vielleicht gehörst Du zu denen, die noch nicht so recht begriffen haben was vor sich geht: Warum werden all diese Personen hingerichtet?

---

2 Vgl. https://seelenfreiheit.blogspot.com/2020/09/2350-groherzog-friedrich-maik-ist-konig.html

Blog-Archiv

2515. - Kevin Spacey wurde hingerichtet!

2514. - Der Sänger Troy Sneed wurde hingerichtet!

2513. - John McCain starb 2018 nicht an einer Kran...

2512. - Roy Horn von Siegfried und Roy wurde hinge...

2511. - Hunter Biden wurde hingerichtet!

2510. - Joe Biden wurde hingerichtet!

2509. - Robert de Niro wurde hingerichtet!

2508. - Der Filmproduzent Stephen Spielberg wurde ...

2507. - Tom Hanks und Rita Wilson Hanks, beide wur...

2506. - Elija Cummings wurde hingerichtet!

2505. - Warum werden all diese Personen hingerichtet?

2504. - Gwen Stefani wurde hingerichtet!

2503. - Tony Blair wurde hingerichtet!

2502. - Billy Bob Thornton wurde hingerichtet!

2501. - Der Filmproduzent Leonard Goldberg ist nic...

2500. - Lady Gaga wurde hingerichtet!

2499. - Madonna wurde hingerichtet!

2498. - Massive Cyberattacken! Auf diesem Weg vers...

2497. - Elvis Presl[e]y lebt und er ist auf Twitter!

2496. - Happy 5G !!!

2495. - Satanisches niederländisches Königshaus un...

2494. - Die Richterin RUTH BADER GINSBURG wurde sc...

2493. - Die Verhaftung von den Obamas war schon am...

2492. - Königin Letizia Ortiz Rocasolano von Spani...

2491. - Tony Podesta hingerichtet und John Podesta...

2490. - Der Politiker Adam Schiff wurde hingerichtet!

2489. - Der ehemalige Verteidigungsminister der Ve...

2488. - Samantha Power wurde verhaftet und verurte...

2487. - Die Senatorin Dianne Goldman Berman Feinst...

2486. - James Comey Junior wurde verhaftet und vom...

2485. - Der ehemalige Sprecher des Repräsentantenh...

2484. - Hillary und Bill Clinton, beide hingerichtet!

2483. - General James Robert Clapper wurde verhaft...

2482. - Ihr Lieben, wir sehen noch all diese hinge...

2481. - Ehemaliger Außenminister James Baker wurde...

2480. - Dick Cheney wurde hingerichtet!

2479. - Jeb Bush und George W. Bush Junior wurden ...

2478. - Sandra Bullock wurde hingerichtet!

2477. - Barbara Streisand wurde hingerichtet!

2476. - Woody Harrelson wurde hingerichtet!

2475. - Mick Jagger wurde hingerichtet!

2474. - Courtney Cox hingerichtet!

2473. - John Robert Lewis wurde hingerichtet!

2472. - Cher Cherilyn Sarkisian Bono wurde hingeri...

2471. - Chaz Salvatore Bono - Tochter/Sohn von Che...

2470. - König Felipe VI von Spanien, wurde hingeri...

2469. - Pedro Sanchez, Ministerpräsident von Spani...

2468. - Harrison Ford wurde hingerichtet!

2467. - George Soros wurde hingerichtet!

2466. - Ehemaliger FBI-Direktor John Brennan wurde...

2465. - Nicol Kidmann wurde hingerichtet!

2464. - König Juan Carlos von Spanien und König vo...

2463. - Emmanuel Macron, französischer Präsident u...

2462. - Bundespräsident Frank-Walter Steinmeier hi...

2461. - Bundeskanzlerin Angela Merkel hingerichtet!

2460. - Königin Elisabeth, Phillip und Charles Win...

2459. - Alle Kardinäle aus dem Vatikan wurden hing...

2458. - Papst Franziskus hingerichtet!

2457. - Jennifer Aniston hingerichtet!

2456. - Angelina Jolie und Brad Pitt hingerichtet!

2454. - Megahn Markle und Harry Windsor hingericht...

2453. - Laura Busch hingerichtet!

2452. - GEORGE H.W. BUSH wurde auch hingerichtet u...

2451. - Huma Abedin hingerichtet!

2450. - Anthony Fauci wurde festgenommen und für e...

2449. - Mike Pence hingerichtet!

2448. - Bill und Melinda Gates sind schon im Juli ...

2447. - Michelle Obama hingerichtet!

2446. - Barack Obama hingerichtet!

2445. - FBI-Direktor Andrew George McCabe verhafte...

2444. - Richard Gere hingerichtet ?!?

2443. - Ehemaliger Google-CEO, Vorstandsvorsitzend...

2442. - FBI Agent Peter Strzok hingerichtet ?!?

2441. - Karina Belenoff hingerichtet ?!?

2440. - Rinus Verhagen: "Wir werden vom Pädophilen...

2439. - Weltweiter Trend der Verschmelzung von Pol...

2438. - Judy Byington: Der tiefe Staat sorgt in se...

2437. - Wichtige Antworten von Charlie Ward mit me...

2436. - Beweise für Massenverhaftungen von Pädophi...

2435. - Was ist aus Paul David Ryan geworden?

2434. - Nicht besonders intelligent :-)

2433. - Papst wurde am 21. März 2020 um 4:30 Uhr v...

III. Hinrichtung:

2505. - Warum werden all diese Personen hingerichtet?[3]

Lieber Leser,

vielleicht gehörst Du zu denen, die noch nicht so recht begriffen haben was vor sich geht:

Warum werden all diese Personen hingerichtet?

Warum Papst Franziskus und alle seine Kardinäle im Vatikan?

Warum fast alle Familienmitglieder der Königshäuser?

Warum so viele Politiker?

Warum so viele Schauspieler und Sänger?

Es sind so viele, dass ich nicht die Zeit finden werden sie alle hier auf meiner Seite zu posten.

---

[3] Vgl. https://seelenfreiheit.blogspot.com/2020/09/2505-warum-werden-all-diese-personen.html

Sie sind die Anhänger vom "Der Neunte Kreis des Satans".

https://seelenfreiheit.blogspot.com/2020/09/2426-der-neunte-kreis-des-satans.html

Das ist nicht ein Teil des Vatikans.

Es ist der Vatikan!

Diesen Kreis gibt es seit der Zeit von Sumer und ist auch unter dem "Baalskult" bekannt.

Alle vom Vatikan ins Leben gerufenen Religionen, dienen als Fassade zur Erhaltung dieses Kultes.

Ihre Führer haben den Auftrag die Menschen hinter ihrer Nebelwand und in Unterwerfung zu halten.

Das Gleiche gilt für alle politischen Marionetten, auch sie dienten der Nebelwand mit und durch Lug und Betrug.

Sie alle sind Vatikanversallen und werden durch die Patriarchen der 13 Blutlinien kontrolliert.

So konnten jedes Jahr 8.000.000 Kinder verschwinden.

Der Menschenhandel fand über ein weltweites Netzwerk statt.

Und das größtenteils unter der Erde im Verborgenen.

Dort werden die Kinder in Adrenochrom Fabriken gehalten.

Sie werden regelmäßig vergewaltigt, gefoltert, grausam getötet, ihr Blut getrunken und ihr Fleisch gegessen.

Das während dieser brutalen Zeremonie gewonnene Blut wurde über Internet zur Jungerhaltung verkauft.

Es gibt sogar eine Kurie darüber, dass der Papst bei Amtsantritt das Vorrecht auf ein Neugeborenes hat.

Papst Franziskus soll sogar ein Kind mit Königin Maxima gehabt haben, welches nach der Geburt sofort rituell geopfert wurde.

Es gibt zu diesem Thema weit mehr zu schreiben, aber ich möchte es für heute dabei belassen.

Außer:

Es wurden bis jetzt durch Spezialteams der Erdallianz über 2.000.000 Kinder gerettet.

Sie werden in Heilkapseln auf den Schiffen der Plejader versorgt.

Diese Heilkapseln sollen sogar die Seele erheben können und Traumatas abbauen helfen.

Genau das wünsche ich diesen Kindern, heranwachsenden Jugendlichen und uns.

Wir haben es uns verdient!

Informationen zu weltweiten Verhaftungen und Hinrichtungen!

http://seelenfreiheit.blogspot.com/2020/10/2572-informationen-zu-den-weltweiten.html

Was ist Adrenochrom?

Und warum werden so viele aus der Elite hingerichtet?

http://seelenfreiheit.blogspot.com/2020/10/2544-was-ist-adrenochrom-und-warum.html

Unter diesem Link erfahren wir, warum wir noch immer viele dieser schon Hingerichteten, besonders die Politiker, tagtäglich im Fernsehen sehen:

http://seelenfreiheit.blogspot.com/2020/09/2482-ihr-lieben-ihr-seht-noch-all-diese.html

https://conspiracydailyupdate.com/2020/06/14/indictments-arrests-and-executions-dismantling-the-deepstate-operatives/

" Hallo.

Ich habe mein ganzes Leben lang nach der Wahrheit in dieser Welt gesucht.

Der Höhepunkt dieser Reise ist diese Website.

Ich werde dieses riesige Puzzle in ordentliche Kategorien einteilen, damit wir die Fäden dieser Geschichte bis zum Sieg des Lichts verfolgen können!

Wir gewinnen!

Halte weiterhin das Licht und beobachte, wie sich die Welt um uns herum verändert!"

IV. Neunter Kreis:

2426. - "Der Neunte Kreis des Satans" gleichbedeutend mit "Der Neunte Kreis des Vatikans".[4]

Ihr Lieben,

viele glauben, dass dieser "Neunte Kreis" ein Teil des Vatikans ist, bzw. war.

Das stimmt aber nicht.

Dieser "Neunte Kreis" ist der Vatikan!

So, wie der Vatikan auch die P2 Freimaurerloge ist.

Die Jesuiten im Vatikan sind, bzw. waren, die schlimmste Mafia, die es jemals auf unserem Planeten gegeben hat.

Viele Menschen werden daran zerbrechen wenn sie die Wahrheit erfahren.

---

4 Vgl. https://seelenfreiheit.blogspot.com/2020/09/2426-der-neunte-kreis-des-satans.html

Die Wahrheit muss aber endlich begriffen werden, damit für uns das neue Leben in 2021 beginnen kann.

Die Erdallianz (Trump) hat sich für die sanfte Offenlegung entschieden.

Und diese soll erst nach dem 21. März 2021 beginnen.

Allerdings wird es schon in diesem Jahr einige Informationen geben.

Wie diese aussehen sollen weiß ich nicht.

Auffällig ist, dass es schon einige Informationen im Fernsehen geben soll, die nicht nur gegen Trump sprechen sollen.

Vielleicht gehört das ja auch schon zur sanften Offenlegung...

Ich selbst habe keinen Fernseher, das mit den positiven Meldungen wurde mir so mitgeteilt.

V. Verhaftungen:

2572. - Informationen zu den weltweiten Verhaftungen[5]

Jennifer Lopez wurde hingerichtet!

Sie war eine hochrangige Hexe.

Dies wurde mehrfach bestätigt.

Schau dir einfach das Video an.

---

5 Vgl. http://seelenfreiheit.blogspot.com/2020/10/2572-informationen-zu-den-weltweiten.html

Lassen Sie sich nicht von den Doppel, Klonen und CGI

(CGI = Computer Generated Imagery ist der englische Fachausdruck für mittels 3-D-Computergrafik erzeugte Bilder im Bereich der Filmproduktion, der Computersimulation und visueller Effekte.

Der Begriff bezeichnet Computeranimation in der Filmkunst – im Gegensatz zu Computeranimation zum Beispiel in Computerspielen.

-Wikipedia-)

täuschen.

Diese Leute sind im Gefängnis oder schon längst hingerichtet.

Es ist wirklich erstaunlich, dass diese Satananbetung so weit gehen konnte.

Hauptorte wie Hollywood und große Politiker.

Diese Sterne - Sie verkaufen ihre Seelen für Ruhm und Erfolg.

Stars wie Gomez & Houston waren zwei der bösesten.

Alle diese werden wegen Verbrechen an die Menschheit angeklagt.

Es wundert mich immer noch, dass jemand tatsächlich dazu in der Lage ist, einem Kind das anzutun.

Sonny Bono wurde ermordet.

Er starb nicht bei einem Skiunfall.

Er hatte zwei Arten von Menschen, die ihn tot sehen wollten.

Er hatte die Kabale, die er als Kongressabgeordneter zu untersuchen begann.

Geldwäsche & Drogen.

Er hatte sich auch geweigert, sich an der satanischen Anbetung in der Musikindustrie zu beteiligen, und mit seiner Ex-Frau die hochsanatische Hexe Cher und ihr Kind, die in der satanischen Anbetung opferten.

Er wusste zu viel.

Sie mussten ihn töten.

Schau das Video:

https://www.youtube.com/watch?v=Lp0LdPhPYtQ&feature=emb_logo

Cher ist eine hochrangige Hexe in der satanischen Anbetung und hat ihre Tochter bekommen, die sich in einen Mann verwandelt hat

und eine Transe innerhalb dieser satanischen Anbetung und Opferung von Kindern geworden ist.

Ellen Degeneres steht vor der Hinrichtung.

Sie hat nicht nur Todesangst, sondern ich denke, sie sendet ein Geständnis und eine mögliche Warnung mit dem obigen Video aus.

Es gab ein Gerücht, das am 7. Juli viral wurde, dass sie tot war.

Sie ist es nicht.

Ich erwarte bald eine Hinrichtung, aber ich habe noch keine Informationen darüber erhalten, dass dies geschehen ist.

Sie sieht jetzt schrecklich aus, weil ihr Adrenochromvorrat abgeschnitten wurde.

Ihre Show wurde abgesagt.

Howard Howie Mandell wurde festgenommen.

Er steht vor der Hinrichtung.

Er ist ein Satananbeter und opferte Kinder.

Er wurde verhaftet und unter Hausarrest gestellt und weigerte sich, das Knöchel-GPS zu tragen, so dass er schwer bewacht wurde.

Er ging zu Tik Token und fing an, verrückte Sachen zu filmen.

Kryptische Nachrichten sandte er, um zu sagen, dass er entführt und von bewaffneten Männern festgehalten wurde.

Ja, das ist er.

Das passiert mit einer Person, wenn sie verhaftet wurde und sich weigert, das Fußkettchen zu tragen.

Schauen Sie sich einfach einige der verrückten Mätzchen im obigen Video an.

Ich dachte, Bill & Melinda Gates wären inzwischen hingerichtet worden aber ich hatte keine Informationen darüber.

Dafür gibt es einen Grund.

Sie waren bereits tot und wir hatten es mit Doubles zu tun.

Ich erhielt Informationen, dass sie 2013 in Indien waren, um Kindern Impfungen zu geben, und viele starben oder waren gelähmt wegen des Impfstoffs.

Die Menschen, die ihre Kinder impfen ließen und gestorben oder gelähmt waren, ergriffen die beiden und beide wurden im Juli 2013 gleichzeitig aufgehängt.

Beide starben im Juli 2013.

Die Personen, die sie unter Hausarrest haben, sind nicht sie.

Sie sind Doubles.

(Ich glaube nicht, dass diese Doubles unter Hausarrest stehen. Ich denke, dass diese Doubles für die Erdallianz arbeiten und dass vielleicht noch nicht einmal der tiefe Staat wusste, dass es Doubles sind.)

ETWAS BEACHTEN.

Einige der festgenommenen Personen haben ihre Ergebnisse vom Warten auf das Tribunal zur Hinrichtung oder zum Leben geändert

MENSCHEN, DIE DEM LEBEN DIENEN, HABEN EINEN DEAL ERHALTEN.

WENN SIE DIE BEDINGUNGEN DES ABKOMMENS VERLETZEN, WIRD DIE TODESVERURTEILUNG NACHGEHOLT.

FRAGEN SIE MICH NICHT NACH JEMANDEM, DER NICHT IN DER LISTE IST, WEIL ICH KEINE INFORMATIONEN VON DIESEN PERSONEN HABE.

Liste der Festgenommenen und Ausgeführten:

Lesen Sie diese Erklärung, bevor Sie nach unten scrollen, um die Liste anzuzeigen.

Die Tribunale verhaften diese Menschen in Zivil.

Wir haben die Verhaftung von Obama gesehen.

Die Verhaftung erfolgte lässig, um von der Öffentlichkeit nicht bemerkt zu werden.

Nur für den Fall, dass Sie es verpasst haben.

https://www.youtube.com/watch?v=bUS5cmkp_AI

Alle Verhaftungen dieser Leute wurden auf diese Weise durchgeführt.

Wenn die Person wegen Kinderhandels oder Verbrechen gegen die Menschlichkeit verurteilt wurden, werden sie hingerichtet.

Wenn sie wegen Hochverrats verurteilt werden, werden sie hingerichtet.

Vor dem Prozess, wenn die Person Beweise für eine andere Person hat, um der Anklage zu helfen, oder bereit ist, Trump zu helfen und sie wollen zusammenarbeiten und Dinge tun, damit Trump eine mögliche Hinrichtungsstrafe auf das Leben im Gefängnis reduziert, dann dürfen sie das tun, wenn die Beweise etwas wert sind.

Wenn ein Plädoyer abgeschlossen ist, muss der Angeklagte alles vorlegen, was er braucht, um die mögliche Strafe leichter zu machen.

Diese Informationen werden der Staatsanwaltschaft, der Verteidigung und dem Richter zur Verfügung gestellt.

Wenn es akzeptiert wird, wird ihnen das Plädoyer vorgelegt, und dann müssen sie eine schriftliche Erklärung abgeben und sich mit einem Video-Geständnis und der schriftlichen Erklärung des Verbrechens schuldig bekennen.

So funktionieren alle Plädoyerabkommen.

Alle Verhafteten waren entweder verräterisch oder an satanischen Anbetungsritualen beteiligt, bei denen Kinder angezündet und dann als Opfer ermordet wurden.

Dann trinken sie ihr Blut, das Adrenochrom enthält.

Dies nennt man Verbrechen gegen die Menschlichkeit und fordert den Tod.

Trump unterzeichnete eine Exekutivverordnung, in der die Todesstrafe für alle Personen, die an Verbrechen der Menschlichkeit oder des Verrats beteiligt sind, gefordert und zur Hinrichtung verurteilt wird.

Wenn die Verhafteten Befehle von der Kabale entgegennahmen und diese Befehle ausführten.

Das nennt man Verrat.

Obama sagte:

"Ich habe nur Befehle befolgt."

Ja, Befehle, die ihn zum Verrat gebracht haben.

Er machte einen Erbsenvertrag und wurde eine Zeit lang freigelassen, um Trump zu helfen, aber irgendwo auf der Linie verstieß er gegen den Antrag und wurde erneut festgenommen und vor ein Exekutionskommando gestellt und in den Hinterkopf geschossen.

Lying Big Mike (Michelle) wurde kurz darauf hingerichtet.

Wir werden nächstes Jahr herausfinden, wann all dies veröffentlicht wird.

Obama drehte sich zu Big Mike um, um einen Plädoyer-Deal zu bekommen.

Jeder, der verhaftet wurde, machte ein Video-Geständnis, um ein Plädoyer zu erhalten, auch wenn es nur der Tod durch tödliche Injektion war, anstatt durch Erschießen oder Erhängen.

Die tödliche Injektion ist ein bevorzugter Weg, um zu sterben.

Sie schlafen einfach ein und wachen nicht auf.

Es ist schmerzlos und friedlich.

Big Mike (Michelle) hat die tödliche Spritze bekommen, ich muss denken, er hat ein Video-Geständnis gemacht.

Jeder, der hingerichtet wurde, hat ein Double oder einen Klon.

Diese werden durch die weißen Hüte angebracht, damit die Leute denken, dass sie noch da sind.

Das heißt, die Menschen, die nicht wach sind, werden nicht wütend oder verärgert genug sein, um Unruhen gegen die Regierung zu beginnen, weil sie jemanden hingerichtet haben, den sie geliebt haben.

Wie Madonna oder eine andere Berühmtheit.

Oder sie sind so verärgert, dass sie ins Krankenhaus müssen.

Ich kenne einige Leute, die in die Psychiatrie gebracht werden müssten.

Sie werden nicht akzeptieren können, dass sie ihr ganzes Leben lang belogen wurden.

Ob Sie es glauben oder nicht, es gibt viele Demokraten da draußen, die Obama und Michelle immer noch lieben.

Michelle war kürzlich bei PBS und las Kindern Bücher vor.

Obama trat mit ihr in einer Sitzung auf.

Dies sind Videos, die mit CGI erstellt wurden, sind falsch.

Sie sind beide tot.

Wenn Sie ein Video der verhafteten und hingerichteten Person sehen, wird es von CGI erstellt.

Wenn die Person persönlich auftritt, handelt es sich um ein Doppel oder einen Klon.

Der Pence, den Sie mit Trump im Fernsehen gesehen haben, ist ein Klon.

Er wurde vor langer Zeit nach dem Putsch verhaftet, an dem er mit Paul Ryan beteiligt war.

Wenn eine Person an einem Koronavirus gestorben ist, bekommt sie kein Doppel, weil die Leute wissen, dass sie gestorben ist.

Harvey Weinstein drehte sich zu allen in Hollywood um.

Es wurde zerstört.

John McCain wurde hingerichtet und seine Tochter gab es in der Ansicht zu.

Wenn Sie es hier noch nicht gesehen haben, ist es.

https://www.youtube.com/watch?v=Cc1Lr7EjZ5o

HRC starb an dem Tag, an dem sie beim 11. September sprach, und brach im SUV zusammen, als ihr mitgeteilt wurde, dass sie verhaftet sei.

Sie brachten sie zu ihrem Tochterhaus, weil es eine medizinische Einrichtung für sie ist.

Ein Doppelgänger kam heraus und sagte, dass es ihr gut gehe.

In dieser medizinischen Einrichtung bei Chelsea wurde sie durch eine sehr interessante Technologie mit Adrenochrom und Babyblut wiederbelebt.

Sie wurde nach Grönland gebracht und auf Eis gelegt und in einem vegetativen Zustand am Leben erhalten.

Sie wurde vor ein Tribunal gestellt und durch Erhängen zum Tode verurteilt.

Sie wurde zur Prägnanz zurückgebracht und gehängt.

All dies ist auf einem Video, das mit einem analogen Video aufgezeichnet wurde.

Alle Video-Geständnisse wurden in analogem Video abgegeben.

GITMO ist übrigens voll.

Einige der Personen, die verhaftet wurden und sich im Hausarrest oder bei GITMO befanden, sind noch im Tribunal und verhandeln über einen Deal.

Es gibt viele, viele Festgenommene, die nicht auf dieser Liste sind, weil sie einfach nicht berühmt genug waren.

Es gab Tausende von Verhaftungen.

Ich habe keine Daten zu Verhaftungen oder Hinrichtungen angegeben, da ich diese Informationen nicht habe.

Die meisten dieser Menschen wurden wegen Verbrechen gegen die Menschlichkeit angeklagt.

Einige wurden wegen Hochverrats angeklagt.

Einige wurden wegen beidem angeklagt.

Ich habe möglicherweise jemanden vermisst, der auf der Liste berühmt ist, weil ich ihn zum Zeitpunkt der Erstellung der Liste nicht bestätigen konnte.

Die Liste wurde gestern erstellt.

Ich entschuldige mich für das durcheinander gebrachte Format.

Patreon will einfach nicht mit mir zusammenarbeiten.

HINWEIS:

ES GIBT TAUSENDE VERHAFTUNGEN AUF DER GANZEN WELT.

Es ist nicht möglich, sie alle aufzulisten.

HIER SIND NUR EINIGE.

Fragen Sie mich nicht nach dieser oder jener Person.

Ich werde die Liste aktualisieren, wenn ich die Intel bekomme.

https://conspiracydailyupdate.com/2020/06/14/indictments-arrests-and-executions-dismantling-the-deepstate-operatives/

VI. Adrenochrom:

2544. - Was ist Adrenochrom? Und warum werden so viele aus der "ELITE" hingerichtet?[6]

Adrenochrom wird aus dem Blut von gefolterten Kindern gewonnen.

Die Angst und der Schmerz des Kindes fördert die Anreicherung mit Adrenalin in seinem Blut, darum auch "Adrenochrom" genannt.

Sie werden nach Vergewaltigungen und Folterungen mit spezieller Technik "gemolken".

Viele Kinder und Jugendliche sterben auf diesem Weg.

Dann werden auch Teile ihrer Körper von diesen Monstern gegessen.

Es ist das teuerste Medikament auf unserem Planeten und soll den Benutzern Jugend verleihen.

---

[6] Vgl. http://seelenfreiheit.blogspot.com/2020/10/2544-was-ist-adrenochrom-und-warum.html

Der Geheimdienst der Erdallianz hat die in Wuhan vertriebenen Ampullen synthetisch verdorben.

Und nun können wir nur noch hoffen, dass alle die diese Ampullen gekauft haben, langsam sterben oder hingerichtet werden.

Sie alle wissen wie Adrenochrom hergestellt wird und sie waren in der Regel auch bei Folterungen und Tötungen von Kindern und Jugendlichen dabei.

Sie haben es zeremoniell gefeiert!

Es heißt, dass die meisten von ihnen nicht menschlich sind und dass sie das Adrenochrom auch gebrauchen um sich als Mensch manifestieren zu können.

Das ist alles so unglaublich, dass es nicht in unseren Verstand reinpassen will.

Viele Schauspieler und Sänger schminken sich ständig Panda Augen.

Ist das rein zufällig oder wird da etwas als "Geheimnis" demonstriert und gefeiert?

Hier könnt Ihr es am Beispiel von Lady Gaga sehen:

http://seelenfreiheit.blogspot.com/2020/09/2500-lady-gaga-wurde-hingerichtet.html

VII. Panda Eyes:

2500. - Lady Gaga wurde hingerichtet![7]

[7] Vgl. http://seelenfreiheit.blogspot.com/2020/09/2500-lady-gaga-wurde-hingerichtet.html

LADY GAGA

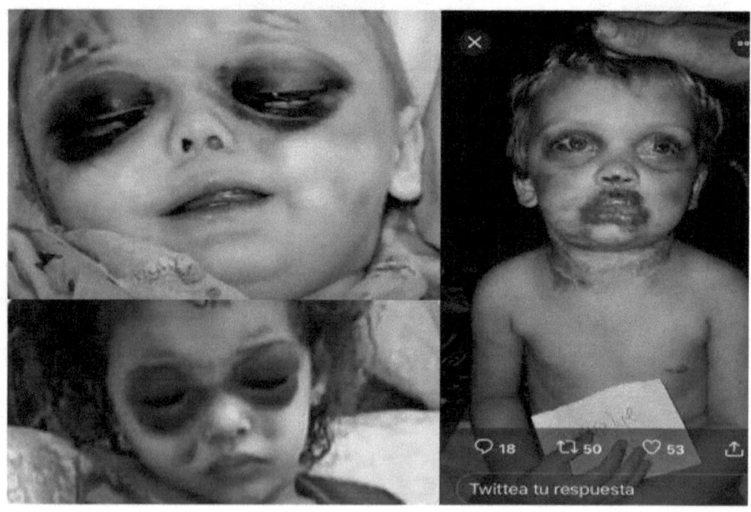
18
50
53
Twittea tu respuesta

Optus 4G
2:14 pm
34%
Instagram
Liked by luniashalom and others
619_stop_child_trafficking Symbology is everything to them. They associate a panda bear to a child under extreme trauma! This why Trump closed the borders to stop kids being smuggled here! This why he has more legislation against human trafficking than any other president in US history. The arrest for human traffickers went up to 5000 Every year since trump got in the driver's seat! VS previous adminidtrations (Obama) only 300 a yr in the entire country!. You couldn't get a cop or agent to look

Kara-Louise Hoppo

'panda eyes' occur when a child is sodomised and the trauma bursts capillaries around their eye sockets (which bulge when they're sodomised) which creates the ringed bruising.

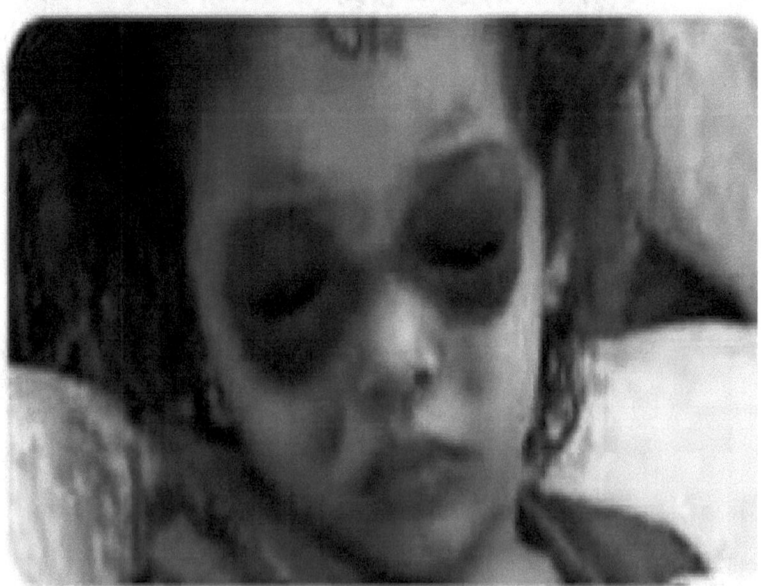

Unter diesem Link erfahren wir, warum wir noch immer all diese schon Hingerichteten tagtäglich im Fernsehen sehen:

http://seelenfreiheit.blogspot.com/2020/09/2482-ihr-lieben-ihr-seht-noch-all-diese.html

https://conspiracydailyupdate.com/2020/06/14/indictments-arrests-and-executions-dismantling-the-deepstate-operatives/

VIII. Fernsehen:

2482. - Ihr Lieben, wir sehen noch all diese hingerichteten Personen im Fernsehen?[8]

Ihr Lieben,

viele von uns werden denken, dass das doch gar nicht geht, dass diese Personen schon alle hingerichtet wurden, wir sehen sie doch im Fernsehen!

Ich kann das im Augenblick noch nicht einmal verurteilen, dass sie dieses Spielchen mit uns machen.

Trump will natürlich, dass die Menschen erwachen und mir persönlich sind es immer noch zu viele, die in ihrem Dornröschenschlaf verharren.

Die Erdallianzen arbeiten ihren Plan Schritt für Schritt ab.

---

[8] Vgl. http://seelenfreiheit.blogspot.com/2020/09/2482-ihr-lieben-ihr-seht-noch-all-diese.html

Störungen haben grundsätzlich Vorrang und müssen immer einkalkuliert werden, dürfen aber nicht den roten Faden zerreißen!

Die Menschen sind in ihrer Menge nicht besonders gut einschätzbar.

Darum bevorzugt die Erdallianz eine sanfte Offenlegung.

Sie gibt uns immer wieder Informationen die sich verbreiten sollen.

Und diese sind immer erst etwas "schwammig" und müssen überprüft werden.

Diese Verantwortung hat jeder bei sich selbst.

Dafür sind nicht andere zuständig!

Gleichzeitig spielt die Erdallianz aber auch mit uns.

Ich bin mir zu 100 % sicher, dass sie auch schon längst die Medien in ihrer Hand haben.

Wir können es an verschiedenen Berichten erkennen, die der tiefe Staat niemals zugelassen hätte.

Wir werden viele Überraschungen im Oktober erleben!

Printed by Books on Demand GmbH, Norderstedt / Germany